JN071252

Tea and Tea Drinking

英国の喫茶文化

Claire Masset
クレア・マセット

野口結加
［訳］

論創社

目　次

はじめに

　一杯のお茶が英国の人々とその歴史に及ぼした影響の多大さは、いかに言葉を尽くしても誇張にはあたらない。お茶は17世紀の英国に初めて到来して以来、お金持ちの大邸宅から貧しい人々のあずまやまで、ありとあらゆる場所に浸透してきた。当初は大富豪に限られた贅沢品であったが、20世紀には最も安価な気分転換のひとつとなった。この200年ほどの間、お茶は日常生活の身近な楽しみとして、朝から晩まで、人々の疲れをいやし、喉をうるおし、なぐさめと安堵をもたらしてきた。

　このお茶と喫茶に関する社会史は、英国について、その文化、産業、美学など多くを物語ってくれる。服飾や装飾芸術から、庭園設計、工場生産、小売販売、宣伝広告にいたるまで、英国における生活のほとんどすべての場面にお茶が登場している。

　時としてお茶が歴史の流れを変えてしまったこともある。18世紀にはジンに替わる飲み物としてお茶の人気が高まり、次第に手頃な価格で入手できるようになると、人々の日常生活に対する期待感が著しく高まった。19世紀に行われた禁酒運動では、禁酒の誓いを立てるように促す際、アルコールに替わる魅力的な飲料としてのお茶に信頼が寄せられた。英国のチャーチル首相のように、お茶は第2次世界大戦中の士気を保つための必需品であり、ドイツ打破の一助になったと信じる歴史家もいる。こうした個々の事例で明らかなように、お茶は英国における生活様式の根幹を形成している。もはや「一杯のおいしいお茶」は日常生活の決まりごとであるといえよう。

　この本ではそれがどのようになぜ起きたのかを紐解くことにしよう。その中で波乱に富んだお茶の歴史が解き明かされる。たとえば、興味をそそるティーバッグ発明の一件、優雅なティーガウンのドレスコード、タンゴティーの流行、ティーポットの機能性や流行の数々など、心奪われつつも一筋縄ではいかない側面に焦点が当てられる。そしてついには、お茶がいかにしてこれほど多くの人々の生活に影響を及ぼしてきたのか、その全体像が明らかにされる。つまり本書は、ただ単にお茶の社会史というだけでなく、英国好みの飲み物についての賛辞なのである。

「女性給仕人」（1872年）　油彩　ジョン・ロバート・ディクシー画。

5

新奇な贅沢品

お茶がどこからやってきたのかは定かでない。私たちに分かることは、それが学名カメリア・シネンシスと呼ばれる常緑の灌木から作られることである。専門家の見解によれば、その植物は、ヒマラヤ東部の密林に出現したとされる。そこは植物相に富んで今日の科学者が「生物多様性の源郷」と評する地域である。現在、カメリア・シネンシスは中国、インド、日本、スリランカ、ネパール、ケニア、パキスタン、ルワンダ、アルゼンチン、オーストラリアなど、熱帯から亜熱帯の世界各地で栽培されている。今世紀初頭以来、イングランド西南部のコーンウォールにも茶が植樹されている。そのダージリン地方に似た土壌と限定的な気候のお陰で、トレゴスナン園は英国初の商業的茶樹栽培の地となった。その茶葉は高品質で、ロンドンの高級店フォートナム＆メイソンで販売されている。

喫茶の始まりについては、深遠な闇の彼方にあるため、長年にわたって魅惑的な伝説の数々が提唱されてきた。そのひとつが、紀元前2737年のこと、風に吹かれた茶樹の葉が偶然そこで湯を沸かしていた植物学者の鍋の中に舞い落ちたという物語である。その神農という名の男は、はたして偶然にも中国の皇帝であり、その湯の味がとてもよくなったことに気づいて、自らの発見を臣民に分かち与えたとされる。

熱湯に葉を浸して使う遥か以前から、チベットの人々は茶葉を噛んで利用してきたようである。人類がいつどこで初めてお茶を煎じて飲むことを知ったのかは不明であるが、中国の唐時代（紀元618〜907年）には、喫茶の風習はますます広く中国全土に普及した。その一端を担ったのが、今なお「茶聖」と称される陸羽が執筆した世界初のお茶についての書物『茶経』（茶の古典）の出版である。このお茶大全の著作には、神話的なお茶の起源、様々な製茶工程、最上の淹れ方、その過程で用いる25種類の道具の使い方が紹介されている。さらに適切な茶道具および喫茶の作法についても詳しく記されている。

年月と共に中国では圧縮した茶葉を緻密に詰めた塊である「団茶」の製造が次第

に巧みになり、この貴重品が古代の茶葉交易路を旅することになった。このルートは、中国南東部の雲南省と中国中央部を結んで、チベット、ネパール、インド、中東地域にいたる交易路で南のシルクロードとして知られている。12世紀になると、団茶が巷に溢れるようになったため、中央アジアの広い地域で実際に貨幣として使用された。時には刻み目を入れて小片に砕き、つり銭にも使われた。しかし、この今ではごくありふれた砕いた茶葉が一般に広く使われるようになるのは、偉大にも長い治世を誇る明朝を興した太祖洪武帝が、宮廷で使用するお茶は散茶にするように命じた1391年以降のことであった。

　お茶がヨーロッパに伝来するには長い年月がかかったが、その後、大航海時代の海洋探検のお陰で次第に新たな世界貿易の活路が拓かれ、絹、金、銀、胡椒、陶磁器、お茶といった交易商品の取引が盛んになった。1610年頃からオランダとポルトガルによってお茶がヨーロッパにもたらされ、1657年には英国の港に初めてお茶が到着した。1660年代後半になると、英国はイギリス東インド会社を通じて独自にお茶の輸入を開始した。当時の航海では、お茶が英国に届くまでに12カ月から16カ月の月日を要した。当初、お茶の買いつけはごく少量から始まり、1669年は143ポンドであったが、1678年には5,000ポンドに跳ね上がった。これこそ英国にとって以後長年にわたってゆるぎなく続けられる喫茶の歴史の幕開けである。

　英国人として初めてお茶について文書の中で言及した人物は、イギリス東インド会社が日本の平戸に開いた支社に勤務していたウィッカム氏であるという説が広く支持されている。ロンドンの大英図書館にあるインド省文書の中に1615年6月27日に投函されたウィッカム氏の書簡が保存されている。マカオ駐在の同僚に宛てたその手紙の中で彼は「最高級のチャ」をひと瓶送ってほしいと依頼している。英国在住の英国人で初めてお茶について記述した人物は、日記作家として名高いサミュエル・ピープスである。日記の中で彼は1660年9月25日に初めてお茶を試してみたことを次のように記している。「これまで飲んだことがない中国の飲み物でティなるものを一杯頼んでみた」。次いで1667年6月28日の日記には、ある晩帰宅してみると、妻がお茶を淹れているところで「これが風邪と解毒に効果があることを妻が薬局でペリング氏から聞いてきた」と記録されている。

以来今日にいたるまで、お茶は
おいしくてしかも特別な薬効があ
る飲み物とされている。初めて英
国の出版物に掲載されたお茶の宣
伝も、医師がその薬効を推奨した
ものであった。「あらゆる医師が
お勧めするこの素晴らしい中国の
飲み物は、中国人がチャと呼び、
また他の国ではテーまたはティー
と呼ばれているもので、ロンドン
のスウィーティング・レントにあ
る王立取引所のスルタネスヘッ
ド・コーヒーハウスで飲むことが
できる」。1658年9月23〜30日号
の週刊定期刊行物『メルクリウ

サミュエル・ピープスは、自らの日常生活の詳細を記した日記で知られ、その中に見られる喫茶の記述は、英国人として初めてのお茶に関する言及とされている。

ス・ポリティクス』に掲載されたこの文面は、ロンドンで発行された新聞紙上に初
めて登場した、商品としてのお茶の広告である。同じく1650年代後半には、英国
で初めてお茶とコーヒーを小売りしたトーマス・ガーウェイ（またはギャラウェイ）
が「茶葉の生育、品質、利点に関する的確な説明書き」と題する文書を刊行した。
彼はその中で「お茶は頭痛、結石、水腫、壊血病、眠気、物忘れ、疝痛などの症状
緩和に効果がある」と述べている。この文章を読めば、誰でもお茶は万能薬に違い
ないと思ったことであろう。ところがこの宣伝用パンフレットの文言には信ぴょう
性があることが近年の研究成果によって明らかになってきた。実際お茶にはコレス
テロール値や血圧を下げ、ある種の癌を抑制して、虫歯を予防したり、免疫力を向
上させるなど、健康によい効果が多く見られる。さらにお茶を飲んだことがある人
なら誰でも知っているように、お茶は集中力も高めてくれる。
　お茶はまずコーヒーハウスで飲まれ始めたというのは奇妙に思えるかもしれない。
これはコーヒーのほうがお茶より早く英国にもたらされたという事実を知ると分か

りやすい。コーヒーハウスは1650年にオックスフォードに初めて開店した途端、瞬く間にロンドン中に広がり、さらには国内のあちらこちらで見られるようになって、世間の殿方にとって飲みながら意見交換をする絶好の場所を提供することになった。そこではコーヒー、お茶、エール、ワイン、ブランデーなどを片手に、客同士で時勢を討議したり最新の情報を入手することができたのである。1675年には英国内で3,000店舗を超えるコーヒーハウスが営業していた。著名な歴史社会学者G・M・トレヴェリアンによれば「れっきとしたロンドン市民なら誰でも行きつけのコーヒーハウスがあって、友人や顧客たちが彼に会いたいと思えば、決まった時間にそこに行けば、いつでも簡単にその姿を見つけられるのである。（中略）まだ便利な情報伝達手段が整備されていなかった当時、最新情報を得るには、コーヒーハウスに行くのが一番であった」。ほどなくコーヒーハウスは店舗ごとに実業家、政治家、学者、詩人、聖職者といった各々特色ある独自の顧客層を獲得するようになって、後年の紳士クラブを先取りする様相を見せた。その中でその後長期に

この17世紀の水彩画は、当時ロンドンにあったコーヒーハウスの内部を描いたものである。お茶が円錐形のポットで給仕され、取っ手がない浅いカップで飲まれていた当時の様子が確認できる。

わたって隆盛を誇ることになる団体が創成される兆しも見受けられるようなった。なかでもエドワード・ロイド氏経営のコーヒーハウスが、今なお世界の保険業界をけん引して君臨するロンドンのロイズ保険者協会の発祥地となったことはつとに名高い。

　お茶がコーヒーハウスで出されていた当初、このたいしておいしくもない飲み物を一体誰が注文するのかと不思議がられたに違いない。それもそのはず、当時のお茶は液体の状態で課税されていたため、お茶が淹れられるのは1日に1度だけ消費税収税吏が来訪する早朝に限られて、その後は注文に応じて温め直して出されていた。ありがたいことに1689年以降、お茶は茶葉の形態で課税されるようになり、1日分のお茶をその日の朝にまとめて淹れる習慣はすっかり姿を消すことになった。

　コーヒーハウスの多くは、顧客にお茶を茶葉のままで売ることの商業的利得に気

このロイド・コーヒーハウスを描いた絵画には、ビジネスマンたちがお茶を飲みながら新聞を読みふけったり、互いに議論を戦わせる活気溢れる情景が見られる。これは当時、ロンドンのコーヒーハウスで繰り広げられていたお馴染みの光景である。

づき始めた。つまりそうすれば男性はもとより、特に女性たちは（あまりコーヒーハウスに出入りしなかったのだが）家でお茶を楽しむことができるのである。次第に裕福な階級の女性たちは、お互いをお茶に招待するという洗練された習慣を始めるようになった。それにはティーポット、カップ、湯沸かし、お茶入れ、ティーテーブルといったきらびやかなティーセットや家具が欠かせないという優雅な集まりである。召使いがお茶道具一式をテーブルに並べている間、女主人が自らお茶を淹れ、私室もしくは寝間とも呼ばれた本来は私的空間の居間に招待客を迎え入れてふるまった。そうした部屋の一例は、1670年代にローダーデール公爵夫妻のために建築され、英国内で最も保存状態がよい17世紀の建造物のひとつとされるサリー州リッチモンドのハム屋敷で見ることができる。そこには公爵夫人の私室として夫人が最も大切にしていた書物やお茶など宝物の数々が保管されていた。夫人はその部屋で漆塗りの東洋風家具に囲まれて友人たちと一緒にお茶を飲んだ。それは当時とても物珍しい飲み物であったお茶を楽しむのにふさわしい異国情緒漂う空間であった。今でもこの屋敷を訪れる観光客たちは、そこで公爵夫人が所有していた繊細な白いティーポットを見ることができる。

　英国でお茶が飲まれ始めた当初、茶葉は蓋と留め具がついた中国製磁器の壺に保管されていた。お茶は小さな磁器のティーポットで注がれて、取っ手が付いていない小さなカップ（別名ボウル）で飲まれていた。こうした中国製の磁器類もお茶と同じ船で運ばれてきた。いずれも耐水性で茶葉より重いため、磁器類は船底の湾曲部に積み込まれ、船に不可欠な底荷としての役割を果たして、波止場に到着した後は売却することができた。1684年から1791年の間に約215万個の中国製磁器がヨーロッパに輸入されたと推定される。

　英国内で独自にティーポットなどの茶器が製造されるようになるのは、いつの頃からであろう。次章で紹介するように、実際のところ、英国が茶器の製造に夢中になったのは18世紀以降のことであるが、1670年頃には初めての英国製ティーポットが銀で創られている。それはバークリー卿が東インド会社の幹部に贈った品である。そこに刻まれた銘文には「この銀のポットは、バークリー城の右派ジョージ・バークリー卿閣下によって、東インド会社委員会に寄贈されたものである」と記さ

この18世紀後半にスタッフォードシャーで製造された乳白色の茶葉入れには、中国からの輸入品で高価な染付の壺を模した文様がほどこされている。18世紀以降、英国内の窯元でも白地に青い文様を描いた磁器が数多く生産されるようになった。

17〜18世紀頃まで、ティーカップ（もしくはボウル）には、このニュー・ホール社製のティーボウルのように取っ手が付いていなかった。1750年代に入ると取っ手付きのものも見られるようになるが、それが当たり前になるには、さらに半世紀以上の年月が必要であった。

れている。このさりげなくも優雅な逸品は、現代のコーヒーやチョコレート用のポットに近い形のもので、ロンドンのヴィクトリア・アルバート博物館に所蔵されている。

　英国人はお茶にいつでも砂糖を加えて飲むのが好みである。その一方、ミルクが登場するのは1720年頃まで待たなければならない。英国ではお決まりの習慣となったお茶にミルクを入れる飲み方は、17世紀後半にフランスで始まったと考えられる。今日のフランスではお茶にミルクを入れないで飲むのが主流で、時には一切れレモンを添えるのが好まれているというのも不思議なことである。

　17世紀においてお茶を飲むということは、王族や貴族に限られた特別な娯楽であった。1662年にポルトガルからチャールズ2世のもとに嫁いだキャサリン・オブ・ブラガンザによって英国の宮廷に喫茶の風習が広まったという説が多くの研究

この19世紀の絵画には、磁器類が注意深く荷造りされる様子が描かれている。左側の男性は、ボウルが航海中に破損しないように箱の中に砂を注いでいるところである。

者に支持されている。その頃、ポルトガルではお茶はすでに皆にお馴染みの飲み物であり、キャサリン自身も幼少の頃からよく飲んでいて、英国に来てからも飲み続けたため、喫茶の風習が生まれるのに一役買うことになった。スコットランドにおける喫茶の始まりは、ジェイムズ2世（スコットランド王としてはジェイムズ7世）の妻でキャサリンの義理の妹であるメアリー・オブ・モデナによるものである。1680年代にエディンバラのホリールード宮殿で喫茶の風習を紹介したのはメアリーその人である。その後に続いて専制君主ウイリアム王とメアリー王妃、アン女王、さらにずっと後年にはヴィクトリア女王も大のお茶好きとして知られている。

当時、茶葉はまだとても高価なものであったが、17世紀末になると、ますます多くのお金持ち一家が毎日の習慣としてお茶を楽しむようになってきた。朝食には以前のビールやエールに替わってお茶、コーヒー、チョコレートが出されるように

これは18世紀半ば頃、上流階級と思われる女性が、お茶が冷めるのを待ちながら、スプーンを使ってお茶をすすっている姿である。

なった。昼間はコーヒーハウスでお茶が飲まれ、女性は家庭でお茶を楽しみ、夜になると貴族階級の男性、女性は夕食後に場所を移してお茶を飲んだ。次章では18世紀に入って喫茶の習慣がさらに多くの階層に広く浸透していった様子をたどってみよう。

18世紀のお茶

　1700年頃、良質なお茶1ポンドの値段は、熟練工の3週間分の賃金に相当した。高い税金がかけられていた茶葉の価格は、18世紀前半まで高値のままであった。喫茶の習慣が一般に広まったのは、その関税が4分の1に引き下げられた1745年以降のことである。さらに画期的だったのは、1784年にウイリアム・ピット首相によって導入された減税法によって、それまで信じ難くも119%という重税であった茶税がわずか12.5%に切り下げられたことである。イギリス東インド会社によるお茶の輸入量は、1700年の14,000ポンドから、1760年には969,000ポンド、さらに1790年になると1,777,000ポンドに急上昇した（これはインフレによる物価高騰より一段と劇的な暴騰といえる）。この事実が英国における喫茶の隆盛を明らかに物語っている。「我が国がコーヒーよりむしろお茶を飲む国へと変貌を遂げたのは、まさにイギリス東インド会社がこれほど膨大な量のお茶を本国に運び込んだことに起因する」と断言する歴史家もいる。確かにお茶の需要が輸入を増大させ、輸入量の増加がますます需要を伸ばしたのである。

　18世紀後半にお茶が手頃な価格になる前から、すっかりお茶に溺れてしまった英国ではもっと安くお茶を手に入れる方法が模索されていた。お茶が大幅に減税される1784年以前には、とてつもない分量のお茶が密輸されていた。専門家の推定によれば、18世紀に英国内に密輸されたお茶は毎年700万ポンドにのぼり、これと比べれば正規に輸入されたお茶は毎年わずか5万ポンドにすぎなかった。さらに驚くべきことは、それほど多くの人々が不法であると重々承知で密輸のお茶を買っていたことである。聖職者も含めて世間の有識者たちが少なからず密輸業者に加担していた。

　これほどまでに英国では、このお気に入りの新しい飲み物を楽しむためには労苦を惜しまなかったことから、混ぜ物をしたお茶が横行していることも発覚した。一度使った茶葉を再利用して灰やサンザシの葉などとんでもないものを混ぜ込んで、

押しつけて乾かし、炒り上げるとお茶のねつ造品が出来上がる。それは本物のお茶とは似て非なるまずい代物だが、新参で急成長したお茶好き市場の需要を満たす一助になった。またその一方で、18世紀前半に起きた国をあげてのジン狂いによる犯罪の増加、混乱状態、貧困がもたらした病気や死など無数の悪影響に歯止めをかける役割も果たしたのである。

とはいっても18世紀初頭の段階では、喫茶の風習はまだほんの一部のお金持ちに限られた娯楽にすぎず、お茶を飲むという行為は、財力や地位および上品な礼儀作法の象徴とされていた。一家の主婦は、お茶を淹れる儀式によって家庭内での地位と自立が授けられた。つまり茶葉を保管する小箱に施錠した鍵を（召使いの手が届かないように）腰回りに下げて、「このお茶を淹れてふるまうのは自分であり、この重要な社会的慣習の中心的役割を果たす者である」ことを誇示したのである。

喫茶の習慣が富裕層の間でますます流行するようになると、郊外の大邸宅カントリーハウスの所有者の中には、お茶を飲む特別室を増設するための改装工事を行う者も現れた。イングランド北西部チェシャー州のダナム・マーシーもそのひとりである。その茶室は夕食後にお茶を飲むための部屋で、きらびやかな銀製茶器一式でお茶が供されていた。同様に1760年代にはイングランド南東部バッキンガムシャーのクレイドン・ハウスに中国室の設備が造られた。その中国茶館を模した居

バッキンガムシャーにあるクレイドン・ハウスの中国式室内に見られる精巧な細工が施された茶室。この建築は1760年代に遡るもので、英国のカントリーハウスの屋内でお茶を飲むために設計されたごく初期の事例である。

「お茶を楽しむ一家三人」（1727年頃）リチャード・コリン画。18世紀には、このように裕福な一家が揃ってお茶を飲む様子がしばしば絵画の題材として使われた。この作品には、一家の財力と上品さが描き出されている。

心地のよい小部屋は私的な空間であり、そこで家族が揃って腰を落ち着けてお茶をたしなんだのである。エリザベス朝（訳注；1558～1603年）からジャコビアン時代（訳注；1603～25年）に建造され、本来は正式な饗宴の後に供されるデザートを楽しむために使われていた野外宴会場が茶室に改装されたのもこの時期である。その他にも、建築家ロバート・アダムがイングランド東部エセックス州オードリー・エンド・ハウスに造った多目的ティーハウス橋といった建築が流行の先端を行く眺望庭園の一画に創建された。

　世界で最も贅の限りを尽くしたティーハウスとして知られるのは、ドイツ・ベルリンにほど近いポツダムのサンスーシ・パレス敷地内にある18世紀のフレデリック避暑邸である。この豪奢な建築物には、ロココ調と中国様が混在する華麗な装飾が施され、ヤシの木を象った金箔張りの円柱が威光を放つ中、等身大の東洋人群

像の彫刻が並び立ち、その彫像の1体はお茶を淹れる仕草をしている。

　18世紀末になると、お金持ちも貧乏人もこぞってお茶を楽しむようになった。フランスのラ・ロシュフコー公爵フランソワ6世（訳注；フランスの貴族で文学者、『箴言集』を執筆）は、英国を訪れた後「英国中のいたる所でお茶が当たり前に飲まれていた。（中略）そのための出費はかなりの額になるが、ごく貧しい小作人までまるでお金持ちのように1日に2回お茶を飲んでいた」と記している。社会評論家の先駆けで "The State of the Poor"（1797年）を著したフレデリック・イーデン卿は、その旅行中に「ミドルセックス州やサリー州に散在する小家屋を食事時に訪れてみれば、そこでは貧乏人一家が朝に晩に決まってお茶を飲むのはもちろん、夕食時に

カントリーハウスの所有者たちは、屋外でお茶を楽しむことに情熱を傾け、特別なティーハウスの施工を依頼した。この新古典様式の多目的ティーハウス橋はその一例で、ロバート・アダムが設計して、エセックス州オードリー・エンド・ハウスの庭園内に建造されたものである。

20世紀初頭の絵画に描かれたトワイニングの店。現在も同じ場所で営業中である。

もかなりの分量のお茶を日常的に飲んでいる光景を目の当たりにすることであろう」と指摘している。

　貧しい人々にとってお茶に対する情熱を書き記す機会は多くなかったが、多分他の誰よりもお茶を飲む重要性を喧伝した人物は、辞書編纂者として知られるサミュエル・ジョンソン博士であろう。彼は「頑固にして恥知らずなお茶飲み」と自称して、時には「我が輩より早く一気にお茶を飲み干す輩などいやしないさ」と上機嫌で豪語した。彼の湯沸かしは冷める間もなく、博士は「お茶で夕べを愉しみ、真夜中にはお茶に慰めを見出し、お茶のお陰で夜明けを迎えたのである」。もしお茶がなかったら、果たしてジョンソン博士は名著『英語辞典』の編纂を無事成し遂げられたであろうか。また別の偉人としては、ウェリントン公爵（訳注；ナポレオン戦争で指揮をとった軍人）がウェッジウッド製のティーポットで自らお茶を淹れて戦場ですすったのは「頭をすっきりさせる」ためであった。

　お茶の消費が増えるにつれて、お茶を飲める場所も増えた。18世紀を迎えた直

後からコーヒーハウスの店舗数とお茶商人の数が急激に増加した。なかでも名高いのはストランドに開店した黄金の獅子トワイニングである。トーマス・トワイニングが1717年に創始したその店はロンドン初のティーショップで、以来300年にわたって現在もその同じ場所で営業している。トーマスは茶葉のブレンドでその名を知られ、のちにアール・グレイやイングリッシュ・ブレックファストなど、広く一般に親しまれるブレンドがつくられるようになる道を拓いた。アール・グレイはピカデリーにあるジャクソン社が1830年代に考案したもので、1830年から1834年まで英国の首相を務めた第2代グレイ伯チャールズ・グレイに因んで命名された。トワイニング社がイングリッシュ・ブレックファストを初めて発売したのは1933年になってからという事実も驚きであろう。

　お茶の専門家ジェーン・ペティグルーは著書 "A Social History of Tea" の中で、18世紀ロンドンの会社員たちが通勤途上の「朝食用出店」でいかに手軽にお茶を購入できたかについて、今日さながらの光景を描写している。当時のロンドンで発行された新聞には「すべての淑女紳士諸君、これはお見逃しなく、スペンサー創始の朝食用出店では、日曜以外の毎朝、おいしいお茶、砂糖、パン、バター、ミルクを提供しています」という広告が掲載されていた。ボクスホール、ラニラ、メリル

18世紀になるとこのような素敵なティーガーデンが英国内にお目見えして、木々の緑に囲まれて、家族揃ってお茶を飲みながらゆったりした時間を過ごした。

ボーンといった人気の娯楽庭園でもミルク、パン、バターと共にお茶が供されていた。このような初期のテーマ・パークは、当時のロンドンには60箇所以上もあって、木々の緑に囲まれた小道の散策、コンサートなどの催し物、屋外での試合やボートをはじめ、夜間には仮面舞踏会や花火が行われていた。さらに娯楽庭園はロンドンだけでなくバース、ノリッジ、リバプール、ニューカッスル、バーミンガムといった英国中の都市にも出現した。

　ロンドン初の娯楽庭園として最もよく知られているのはバクスホールであるが、圧巻はまぎれもなくチェルシーのラニラ庭園であろう。来園者はたった半クラウン（訳注；英国の25ペンス硬貨／旧5シリング硬貨の半分の値段）でお茶、コーヒー、バター付きパンを楽しみながら、優雅な庭園を眺め、玉砂利を踏みしめながらイチイや楡の並木道を散策して、その素晴らしいドーム付き円形施設を存分に楽しむことができた。直径150フィート（訳注；約45m）を超えるこの建造物の外観はまさに

MARYLEBONE GARDENS. (From a Print of 1780.)

メリルボーン庭園の来訪者はその風景、花火のとどろきや張り出し窓（画中右側）の内部から響くコンサートの音色、木陰の散歩道、格子窓付きの小部屋（画中奥）でお茶などを楽しむことができた。

当時流行の染付文様が施され
たニュー・ホール社製のボウ
ルとソーサー。1795年頃。

18世紀には揃いの台
座付きティーポット
がよく見られた。
コーレイで製造され
た六角形の台座付き
ティーポット。1785
年頃。

目を見張るようであった。その内部はローマのパルテノン神殿を彷彿とさせ、壮大な丸天井に吊り下げられたクリスタルや金色に輝くシャンデリアには、何千本ものロウソクの炎が灯されていた。その円形の壁面には劇場さながらの観覧席が設置されて（訪問客はそこでコンサートに耳を傾け）飲食ができるテーブルも付いていた。そこでは流行の先端を行く人々が最新の服装で着飾って社交辞令や噂話に花を咲かせたことであろう。

　概して上流階級の人々が大規模な娯楽庭園に惹きつけられた一方で、一般庶民の人気を博したのは、規模は小さくても同じ趣向のティーガーデンである。その大半はロンドン郊外に位置して、地元の人々が家族揃って出かける外出日の楽しみを提供していた。そこでは特別に設計されたティールームや木陰の休憩所でお茶を飲んで、池や芝生に囲まれた庭を散策したり、クリケットを楽しむこともできた。なかには「アダムとイヴの庭」、「マーリン（訳註；アーサー王伝説に登場する魔術師）の洞窟」、「フィンチの岩屋（訳注；画家トーマス・フィンチの所有で、当時流行のローマ式日よけ岩屋を備えたガーデン）」、「3つの帽子（訳注；3人が1組になって自分がかぶっている帽子の色を見ないで当て

精巧な細工が施されたジョージ2世のお茶用湯沸かしと台座。ロンドンのリチャード・ガーニー社製、1740年頃。

このマホガニーのティーテーブルはティーセット一式を収納できるように設計されている。カップとソーサーは外側の環状にぴったり収められ、ティーポット、台座、ミルクジャグ、銀製の砂糖つまみは中央に置かれている。チェルシー磁器工房製、1760年頃。

る推理ゲーム）」など、心おどる楽しい呼び名のガーデンもあった。

　この18世紀における喫茶の流行は、当然のことながら、茶器や家具の種類やその需要の増加と軌を一にするものであった。すなわち、この新たな風習を存分に満喫するために一段ときらびやかで特別な器具類を求める消費者からの要望が生まれた。その筆頭にあげられるのは、ティーポット、茶壺や茶缶、ティーボウルとソーサー、湯沸かし、砂糖入れ、ミルクジャグ、ティースプーン（その匙には、お茶を淹れる女主人がお茶を注ぎ足す際、どのカップがどのお客のものかを記憶できるように通し番号がついたものが多かった）などである。そればかりでなく、さらには、砂糖用小箱、ティートレイ、ティーポットの台座、ティープレート、ティーテーブル、ス

プーン用トレイやボートと呼ばれる濡れたスプーン用の受け皿、木製や銀製の茶箱（次第に中国磁器の茶壺の替わりとして使われるようになった）などの需要もあった。同じくお揃いのティーセット一式も種類が増えて入手しやすくなった。裕福な消費者は、中国製陶器に合わせた揃いを発注したり、独自の別注品をあつらえることも可能であった。

　ヨーロッパ各地の製陶所は、中国磁器貿易がにわかに活気づくのを目の当たりにして、この急成長市場に便乗するべく、ただちに喫茶関連商品の大量生産を開始した。事実、英国の製陶業は、産業経済の創成期にきわめて重要な位置を占めることになったのである。なかでもストーク・オン・トレントおよびスタッフォードシャー北部は、通称「ポッタリーズ」として知られ、ウェッジウッド（1759年）、スポード（1767年）、ミントン（1793年）、さらにはロイヤルドルトン（1815年）が創業した陶磁器の里である。

　それからの数十年間、ヨーロッパの陶工たちは、中国ではすでに数世紀も前から製造されている透明で精巧かつ耐熱素材の磁器を創り出す秘訣を求めて互いにしのぎを削った。ドイツの窯元マイセンは1709年にハードペースト磁器と呼ばれる独自の手法を開発していたが、英国でソフトペーストとして知られる陶器の製造が始まったのは1740年代になってからのことである。チェルシーの製陶所が英国で初めてこの種の磁器を製造すると間もなく、1747年にはバウ、1750年にはダービー、1751年にはウスターがそれに追随した。製陶所によって、磁器の製造一筋に賭けるところもあれば、様々な素材や新たな手法の開発に力を入れる窯元もあった。なかでも一時期ジョサイア・ウェッジウッドの共同事業者を務め、ジョサイア・スポードの師でもあったトーマス・ウェルドンが開発したアゲートウエア（ガラス製めのう）が1725年から1750年にかけて一世を風靡したことは注目に値する。その呼び名は天然石のめのうに因んで、使用される2種類以上の色彩が異なる陶土が混ざり合って縞や葉脈を連想させる独特の雲霞文様が特徴とされる。

　18世紀の最も革新的な陶工とされるジョサイア・ウェッジウッドは、陶磁製茶器の歴史に多大な影響を及ぼした人物である。彼は自分がデザインするティーポットのひとつひとつ（奇抜なカリフラワー型のものから、伝統的な形状のものまで）にこ

ジョージ3世の銀製茶葉入れと付属の銀製匙、ロンドンのT・フィップス＆E・ロビンソン社製、1791年。

18世紀には木製小箱が流行した。いずれも貴重な茶葉が盗まれないように施錠できる構造になっている。

だわりをもって、まず個人的に妻の意見を反映させた後に商品化した。ウェッジウッドは、1750年代に入ると淡い乳白色でなめらかな釉薬をかけたクリームウエアと呼ばれる陶器でその名を知られ、その茶器一式はシャーロット女王にも献上されて、1760年代には「女王の器」と呼ばれるようになった。その後も1760年代から1770年代にかけて、ウェッジウッドは様々な素材を使った製品を生み出した。かの有名なジャスパーウエア（カメオ細工の陶器）もその中のひとつで、今なお製造され続けている。

　こうした陶工作品より英国の茶器に絶大な影響を及ぼしたのは、イギリス東インド会社による中国製磁器の輸入が1791年をもって中止されたことである。この一件によって1800年頃を境として、硬質食器から純白で安価な大量生産のボーンチャイナまで多様な商品開発が促進され、お茶関連の陶器が無数に巷に溢れ出す19世紀を迎えることになったのである。次章ではその様子を見てみよう。

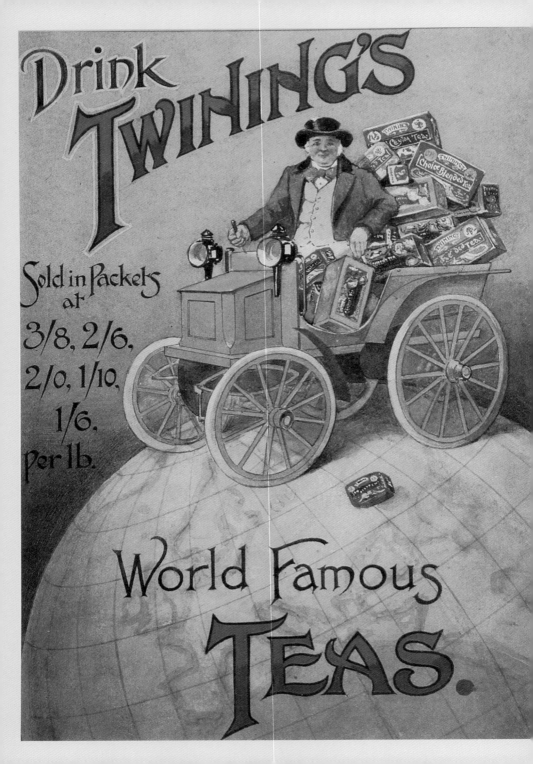

お茶の民主化

　1805年頃、ジョサイア・スポードは動物の骨灰を混ぜた革新的な磁器を完成させた。このボーンチャイナは、丈夫で透光性があり純白で安価に生産できるため、ティーポットなどの茶道具の素材として使われるようになった。その手頃な価格のお陰で、新興の中流階級でもお茶の時間にふさわしい器具を揃えられるようになり、お金持ちや流行の最先端を行く人であれば、ほんの数年ごとに新しいセットに買い換えることも可能となった。

　ヴィクトリア朝の装飾芸術は、新古典主義、ゴシック様式、ロココ様式、バロック様式など多くの様式を併用したり、あるいはそれらを混合して飾り立てた折衷様式と称されている。これはティーポットについても同様で、多彩な色や形はもちろんのこと、様々な文様や彫塑モチーフ、もしくはそれらを兼備したものまで、ありとあらゆる種類のものが出現した。なかにはあまりにも凝りすぎて、一体どうやって使うのか首をかしげるような代物もあった。しかし新たな大量消費時代において、派手好みから風雅な品まで何でも選り取りできることが時代の要請であった。

　さらなる技術革新は、茶器にも目覚ましい変化をもたらすことになった。1750年代になると写し絵が初めて使われ、その手法が進歩すると、大量生産の工程の一環でティーポットの湾曲した部分にも図柄を転写できるようになった。もちろん最高級のティーポットや茶器は手描きで創作されていたが、その代用品として転写手法の器は中流階級でも手が届く手頃な価格で販売されるようになった。同じく19世紀半ばにエルキントン社が電気めっきの技術を完成させると、見た目は銀のティーポットにそっくりで、実際は銀めっきのティーポットが、純銀製の3分の1の価格で入手可能になった。これは雰囲気づくりに熱心な見栄っ張りの家庭にとって打ってつけの品物であった。

　このような技術革新と大量生産のお陰で、茶器が安く手に入るようになった一方、茶葉そのものも、19世紀に入ると英国資本の茶園が主にインドに設立されたことに

このネクター・ティー社が宣伝用に配布した絵はがきには、茶樹園で、土地の開墾か
ら茶の荷の運搬まで象が使役されていた様子が描かれている。

一般に茶樹は葉を摘み取りやすいように人の腰の高さ
までに剪定されていたが、この自然栽培の茶樹園では、
茶樹が大木に生育して先端の新芽のみを摘み取って茶
葉として利用していた。

よって、一段と入手しやすくなった。

　それまで英国は茶葉の供給を中国に
頼っていたが、ある重要な出来事に
よってお茶貿易の脆弱さと道徳的不正
が明るみに出ることになった。すなわ
ちアヘン戦争（1839〜42年）である。
その遠因は英国議会が東インド会社に
対して、インドにおけるアヘン栽培の
独占許可を与えた1758年に遡る。そ
の後百年ほどの間、英国は主にベンガ
ルで膨大な量のアヘンを栽培して違法
に中国へ輸出していた。この重要な収
入源が英国で喫茶の習慣を成り立たせ
る一助となる一方で、中国全土にはア
ヘン中毒が山火事のごとくに蔓延して
1830年代にはアヘン中毒患者が300
万人を数えるにいたった。中国政府は

この疫病を阻止する抜本策が急務と捉えて、1839年6月3日のこと、アヘンの年間供給量にあたる約2万箱を焼却処分した。恐ろしいことに英国は中国に対して宣戦布告し、中国は茶の輸出を禁止することで対抗手段に出た。アヘン戦争は中国の敗退で1842年に終息したが、この事態によって英国は中国に頼らず自ら茶を栽培する必要性があることが明らかになった。

　実は「英国の茶」を栽培するための段取りはすでに開戦前から始められていた。1834年には東インド会社が茶委員会を創設している。その設立目的は「インドにおける茶樹栽培の導入計画」を策定することであった。さらに遡ること数年前、英国はインド北東部アッサム地方の探査に乗り出していた。1835年のこと、茶樹が初めて英国人によって発見されたのもその地であった。皮肉にも英国は当初、そこでアッサム茶の栽培に専念するつもりはなく、わざわざ中国の茶樹を移植するという決定を下した。そうすればより良質な茶葉が生産できるであろうと目算したのである。やがて英国もその誤解に気づき始めて、1880年代後半には、アッサムで生産される茶にはすべて地元原産の茶樹が使われるようになった。これが現在、カメリア・シネンシス・アッサミカ（訳注；アッサム種）と呼ばれているものである。

　アッサムの地は次第に広大な茶樹農園に変貌した。英国人の茶の投機家たちは、

摘み取られた茶葉は棚の上に広げられて、しおれるまで24時間放置された。これはその他にも回転、発酵、火入れ、貯蔵、箱詰めなど、数多くある茶葉生産工程のひとつにすぎない。

区画単位で土地を買収し、日雇い人夫を雇用して、土地を開墾し、茶樹を栽培して、その収益を巻き上げた。クレア・ホープリーはその著書『お茶の歴史』の中で「インドにおける茶樹栽培の様相は、あたかも英国内に並び立つ巨大な工場群のようであった。茶の灌木が小高い丘の斜面に整然と列をなして行進するかのように植樹され、陸軍所属の労働者たちがその栽培を任されていた。家族経営の茶園で栽培される中国茶より、インドのお茶が安価に生産できたのは、その効率的な規模のお陰であった」と説明している。英国内の工業生産で成功を収めた「規律・効率・分業主義」がインドの茶樹栽培についても首尾よく適用されたのである。

　労働者は「労力捕獲者」によって雇われ、7年間の契約書に署名を強いられて事実上の奴隷とされた。英国人の職員たちは居心地のよいバンガローに住む一方で、労働者は往々にして不健康な環境に拘束されていた。茶葉を加工するために巨大な製茶工場も建造された。このようなアッサム茶のプランテーションが大成功を収めると、ダージリン（1850年代初頭から）やセイロン（1860年代）といった大英帝国領地内に次々と商業目的の茶栽培農園が開設された。

ここに描かれているように村全体が茶のプランテーションとして構築されていた。画中の白い大きな建物は茶葉の加工が行われていた製茶所である。

こうして新たに設立された英国人経営のプランテーションは、英国本土内の喫茶事情にも多大な影響を及ぼした。英国が輸入する茶の産地として、1889年に初めてインドが中国を上回って中国の独占が打ち破られた。そのわずか10年後には、インドからの輸入量（219,136,185ポンド／訳注；約99,400トン）は、中国産（15,677,835ポンド／訳注；約7,100トン）の14倍にも跳ね上がった。

　インドおよびセイロンで生産される茶は主に紅茶で、中国茶には紅茶と緑茶の2種類があった。そのため英国は19世紀から現在にいたるまで紅茶を飲む国となった。また同時に茶葉は工業製品として、その大半が巨大なプランテーションで製造され、さらに安い価格で一般に入手しやすくなった。お茶商人の中にはトーマス・リプトンのように現地に出向いてプランテーションを自社専用に買収する者も現れた。それによって仲買人が省かれ、さらに値段を下げることが可能となった。リプトンが1890年にセイロンで4箇所の茶園を買い上げると「ティーガーデンから直送便でティーポットまで」という謳い文句が茶葉の個包装や宣伝広告にきらびやかに掲げられた。リプトンは自社名を広く知らせるため、象の背に乗せて運ぶ茶箱や茶摘みの籠など、ありとあらゆる場所にその名を記して、瞬く間に有名ブランドとしての成功を収めた。

　この茶プランテーション事業の新たな展開は、英国のお茶好きに重大な影響を及ぼす側面をもっていた。すなわちお茶は英国の植民地内で生産される製品となり、少なくともある意味で、正真正銘英国の飲み物となったという事実である。お茶が異国の品であった時代は過ぎ去り、今やお茶は英国の商品であり、英国での生活に欠かすことのできない生活の一部となったのである。それどころか事実、英国における茶の消費量は、1801年には23,730,000ポンド（訳注；約10,760トン）であったが、1901年になると258,847,000ポンド（訳注；約117,400トン）に跳ね上がって、これは19世紀に英国の人口が急激に増加した現象にも増して一段と劇的なものであった。

　1840年代にはティークリッパー（訳注；茶葉を運ぶ快速帆船）が出現して、お茶を楽しむ一般庶民にさらなる新鮮な興奮が提供された。これがまたしても消費の増加を後押しする要因となった。このしなやかな超快速船は、目障りな東インドの巨漢を差し置いて、一艘につき100万ポンド（訳注；約450トン）以上の茶葉を積み込むこと

トーマス・リプトンは実に抜け
目なく自己顕示欲が旺盛な人物
で、この2種類の販売促進用絵
はがきに見られるように、あら
ゆる機会を利用して自らのブラ
ンドを印象づけた。

が可能で、広東からロンドンまでの航海日数を200日からおよそ120日に短縮する
ことができた。ロンドンに最初に到着した茶葉は、その後の荷に比べて最高値がつ
くため、5月から6月頃、初荷の茶葉を積み込んだクリッパーが出航するやいなや、
熾烈なレースが開始された。英国の新聞紙上でレースの様子が熱狂的に報道され、
どの帆船が最初に到着するかの賭けが行われて、秋になると船の到着を待ちわびる
群衆が波止場に押し寄せた。このレースに勝利することは非常に誉れ高いこととさ
れたため、船長の中には3〜4カ月に及ぶ航海の間中、ほとんどベッドで休む間も
なく、デッキで仮眠する程度だったという者もいたほどである。ティークリッパー
の時代は、1869年、スエズ運河の開通によって突如終焉を迎えることになった。
その後間もなく、地中海を経由して極東とヨーロッパをつなぐこの新たな海路を利

茶税として毎週いかに高額の小切手を切ったかを誇示するという手法は、茶葉取引市場で上位の座を占めている確固たる証拠であり、リプトンもマザワッテ社もさらなる販売促進の後ろ盾としてそのニュースを宣伝に利用した。

用して、茶葉を積み込んだ蒸気船が無数に行き来するようになった。

　その頃、英国内では一段と進化した宣伝手法が喫茶市場に浸透し始めていた。すなわち包装、広告、小売の重要性の増加である。それは今では「製品（product）、価格（price）、配架（placement）、宣伝（promotion）」という市場における「4つのP」と呼ばれ、産業界の好況期にお決まりの付き物である。製品の販売は次第に洒落たゲームの様相を呈するようになり、雨後の竹の子のように急増した茶葉商人のプロたちはすぐさまそのルールを会得した。

　そうした初期小売商のひとりであるジョン・ホーニマンは、この手法の潜在性に気づいていた。彼は1826年に業界初の計量済みで個包装したラベル貼付の茶葉を売り出した。これには多くの利点があった。混ぜ物のない純正品であるという品質保証はもちろんのこと、重量を明記したアルミ箔貼りの包装は茶葉の鮮度を保持し、ほこり避けの役目も果たした。ホーニマンは個包装された製品を宣伝キャンペーンの対象にして、さらに自分のブランド名を広める機会として利用した。ほどなく「ホーニマン茶」といえば、有名で信頼できるブランドとして知られるようになった。

　他社も同様の商法を取り入れて、独自のセールスポイントを打ち出した。1840年代には事業家のジョン・キャセルが茶葉販売で主に労働者階級に焦点を絞った市場展開によって成功を収めた。彼は手ごろな価格設定で「1オンス（訳注；約30g）

から1ポンド（訳注；約454g）までのアルミ箔個包装」を売り物として英国北部の産業地帯に乗り込んだ。それは当時わずか1シリング（訳注；1ポンドの1/20の通貨）で買える唯一の商品であった。その後、キャセルは印刷機に投資して自社用の茶葉ラベルを制作し、「なんでもお茶タイムス（Teetotal Times）」という絶妙なタイトルを冠した雑誌を創刊して出版業にも乗り出した。

　19世紀の末になると、覚えやすい謳い文句、きらびやかなパッケージ、効果的な宣伝広告を駆使したリプトンが有名ブランドとしての地位を確立した。なかでも「あなたが住む町の水にぴったりのお茶」という標語を掲げて、英国内の地域ごとに売り出した特別ブレンドが人気を集めた。よく知られるリプトンの黄色ラベルは、1890年代に開発されて発売と同時に大好評を博した。現在、すでに英国内での入手は不可能であるが（訳注；リプトンは1972年までにユニリーバに買収され、ユニリーバは英国内で別銘柄のPGチップスを販売しているため）、ヨーロッパ大陸、北アメリカ、オーストラリア、中東、アジアの各地域では今なお販売されている。

　19世紀に最も成功した茶葉会社のひとつとして、1870年代に創業したデンシャム社出資の「マザワッテ」があげられる。その命名はヒンディー語（訳注；インドの公用語）で「楽しみ」や「魅惑」を意味する「マザ」とシンハラ語（訳注；タミル語と共にスリランカの公用語のひとつ）で「園」を意味する「ワッタ」を組み合わせ

"Matrons who toss the cup and see the grounds of fate in grounds of tea"

マザワッテ社はお茶を楽しむふたりの女性をしばしば宣伝に用いた。若い女性はカップの底にたまった茶葉で茶葉占いをしているところである。

た造語である。同社はそのブランド構築手段として、年配の女性と若い女性のふたりが一緒にお茶を楽しむ光景を宣伝広告に使用した。この巧妙な手法は目覚ましい効果をあげた。マザワッテは他の茶葉業者と同じく自社製品とその宣伝に王室一族、なかでもヴィクトリア女王の肖像を採用した。この手法がブランド名に高級感をもたらす確かな効果を発揮した。20世紀になっても茶葉業者は、人物やキャラクターをブランドの広告塔として利用する方法を続行した。おそらく最もよく知られているのは、ブルックボンド社PGチップスのチンパンジーであろう。それは1959年に初めて英国庶民の眼前に登場して以来、2002年にいたるまでテレビ画面で視聴者にお馴染みの顔であった。

　お茶はこのように売り手市場に打ってつけの商品であったため、別の事業との抱き合わせで宣伝や販売促進の手段として利用する事業家も現れた。ルイス百貨店（リバプールに1号店を開店した後、マンチェスターとバーミンガムにも支店を開いた）の創業者であるデイヴィッド・ルイスは1880年代に「ルイスの2シリング茶」を売

リバプールのルイス百貨店（この写真は20世紀初頭の様子）は1880年代から自社ブランドの茶の販売を開始した。

り出した。ルイスはリバプール港に到着した茶葉輸送船から直接茶葉を買いつけることで、それを顧客に手頃な価格で提供できた。ルイスはこの商法を始めて3年ほどで1週間に20,000ポンド（訳注；約9トン）もの茶葉を売りさばくようになった。彼は1885年にバーミンガム店を開店する際、お茶好きな顧客がすぐさま惹きつけられるように意図して茶葉販売カウンターを1階正面入り口のすぐ右側に設置した。

　巧妙な誘い文句、魅惑的な商法や販売競争、素敵な包装（今では収集家が高値を付ける美しいデザインの販売促進用茶葉缶など）、色鮮やかな宣伝広告は、いずれも有名ブランドとしての印象付けに役立った。なかには生活協同組合のお茶のように配当付き制度を採用して自社の顧客を特別扱いする会社もあった。つまり商品に添付されたシールを専用カードに貼り付けて集め、その貼付欄が一杯になると何かプレゼントと交換するか換金できるという仕組みである。さらに会社によっては一段と人

茶葉缶はブランドの知名度と消費者の満足感の向上に効果的だった。この格別に人目を引く缶は、20世紀初頭に遡るデザインで子供向けの童話や童謡の一場面が描かれている。

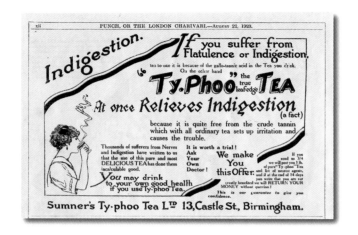

PUNCH, OR THE LONDON CHARIVARI—August 22, 1923.

Indigestion. If you suffer from Flatulence or Indigestion,

tea to one it is because of the gallo-tannic acid in the Tea you drink.

On the other hand

"Ty-Phoo" the true leaf-edge TEA

At once Relieves Indigestion (a fact)

because it is quite free from the crude tannin which with all ordinary tea sets up irritation and causes the trouble.

Thousands of sufferers from Nerves and Indigestion have written to us that the use of this pure and most DELICIOUS TEA has done them incalculable good.

You may drink to your own good health if you use Ty-phoo Tea.

It is worth a trial! Ask Your Own Doctor!

We make You this Offer:

Sumner's Ty-phoo Tea Ltd 13, Castle St., Birmingham.

タイフー社は、お茶には特別な消化促進作用があることを強調して、次第に英国中の薬局で取り扱われることに成功した。

目を惹きつける方策に出るところもあった。たとえばプライアリー茶は、1894年にバーミンガムの市街でアドバルーンを飛ばして販売促進パンフレットを上空からばらまいた。

　こうして次第に強力なブランドに成長した会社が茶葉市場を支配するようになった。20世紀初頭には、マザワッテ、ブルックボンド、コープ（生活協同組合）ティー、タイフー（1903年に創業し、同一価格の一製品主義で知られる）などがその名を知られていた。

　19世紀末になると、お茶はさらに安く、ひときわ目立つ存在として、召使い、ジプシー、農夫、工場労働者、貴族から王室にいたるまで、瞬く間にあらゆる階層の人々が楽しむものとなり、しかも誰もが自分なりのお茶の飲み方や習慣をもっていた。

　上流階級の社交界に最も大きな変化をもたらした喫茶習慣は、1840年代初期に始まったアフタヌーンティーであろう。夕食の時間が遅くなったため（18世紀後半には夕方4時から5時の間であったディナーが1850年代になると7時半頃に繰り下げられた）、午餐（昼間の軽い食事）と晩餐の間をしのぐため、午後にちょっとした軽食をつまむ必要性が生じた。最初にアフタヌーンティーの習慣を始めた人物は、ヴィクトリア女王の友人でもあったベッドフォード公爵夫人アンナ・マリア・ラッセルで

この20世紀初頭の絵はがきには、ジプシー放浪者たちが午後のお茶を楽しむ光景が描かれている。

あるというのが多数の歴史学者が指摘するところである。彼女は午後の遅い時刻に
なると気分が落ち込む経験をして、その症状はお茶を飲みながらケーキやサンド
イッチをつまむと緩和されることに気がついた。そこで公爵夫人は友人を自宅に招
いて、自分が始めたこの新たな習慣を分かち合ったところ、瞬く間に午後のお茶
（アフタヌーンティー）という英国の素晴らしい風習が誕生したのである。19世紀の
アフタヌーンティーではスコーンはまだ定番ではなく、それがお茶に欠かせない存
在となったのは20世紀になってからのことである。

　かの有名なヴィクトリア・スポンジ（訳注；苺ジャムを挟んだシンプルなスポンジ
ケーキ）の生みの親であるヴィクトリア女王は、それ以前のいかなる王や女王より
もお茶を楽しんだ人物であろう。この女王の承認を得たことでアフタヌーンティー
を楽しむ習慣が確立され、1860年代には富裕層の間で広まり、19世紀末には中流
階級の人々にも浸透した。裕福な人々は、またしてもヴィクトリア女王の習慣に
倣って自宅で「お茶の接待（ティー・レセプション）」と呼ばれる大規模で正式なア
フタヌーンティーを開催することが好みであった。この類いの会は最大で200人程

農作業で汗を流した農
民がひと休みするお茶
の時間。

19世紀中後期のマチス・ロビンソンによる絵画には、ふたりの女性がお茶を片手に噂話に花を咲かせる様子がきわめ
て現実的な描写で写し出されている。

度のゲストを招待できる規模で、4時から7時の時間帯に行われるのが通例で、その時間内の出入りは自由とされていた。

　女性にとってお茶はひときわ大切な社会的儀式であったため、1870年代頃にはティーガウンが流行するようになった。軽やかな麗しい生地で縫われたこのドレスは、親しい友人や家族を囲むお茶の時間に室内で羽織るためにデザインされたもので、昼間の外出着や夜のイブニングドレスなどに比べて、略式でゆったりと着心地よく作られていた。これは20世紀初頭に一段と自由な動きができる女性の衣装が生まれる契機となった。その後、別のスタイルがファッション界で流行するようになってからも、ティーガウンは1950年代にいたるまで素敵な衣装のひとつとして君臨し続けた。

　お金持ちが自宅でお茶を楽しむ一方、下層階級の人々も自分たち独自のお茶の時間を楽しむようになった。もちろん労働者も日中にお茶を飲んだが、アフタヌーンティーのようにゆったり楽しむ時間のゆとりはない。彼らが夕刻早めに工場、炭鉱、野外から帰宅した時に必要なものは、喉の渇きと空腹を同時に満たして元気づけてくれる食事であった。この食事は「ハイティー」として知られ、たいてい6時頃、熱いお茶を淹れたポットと共に冷たい肉類（訳注；ハムなど）、パイ、チーズ、ポテト、パンやク

エドワード王時代のティーガウンには、魅力的なレースが縫い付けられて、他のコルセット付きドレスよりも動きやすいものであった。

ラッカーなどが供された。これを
なぜ「ハイティー」と呼ぶのかに
ついては諸説があるが、一説には、
アフタヌーンティーは主に低めの
座り心地のよい椅子で楽しむこと
から「ローティー」と呼ばれるの
に対して、ハイティーはテーブル
の前で立ち食いするためであると
される。皮肉なことに富裕層の
人々も、召使いが日曜日の教会礼
拝で外出したり、体調不良などで
不在の時にふさわしい食事として、
本来のハイティーとは異なる自分
たち流の凝ったハイティーの習慣
を始めるようになった。このハイ
ティーには冷肉やパイ類だけでな

この家庭の主婦の肖像画は、1863年の『英国労働者新聞』に
掲載されたものである。

く、アフタヌーンティーのようなケーキ類も一緒に供され、その他にも鳩や子牛の
肉、鮭、果物といった贅沢品が並べられた。

19世紀末に見られた大きな進展として、ティールームの出現がある。その始ま
りは、炭酸ガスで膨らませた無酵母パン会社（ABCの略称で知られている）に勤務し
ていた女性幹部の発想にあったとされる。そもそものきっかけは、その女性がロン
ドンのフェンチャーチ通りにあったABCの店舗に勤務していた当時に遡る。彼女
がそこで自分の上得意の顧客にお茶と軽食を無料で提供したところ、それがとても
好評を博したため、このサービスを商売として始めてみてはどうかと上司に提案し
た。管理職の上司たちが彼女の申し出を受諾して初めてのティールームが誕生した
のである。その後、世紀末までに少なくとも50店舗のABCティールームが営業を
始めた。カルドマ、ロックハーツ、エクスプレス・デアリーズ社など、他社もその
やり方に追随した。その中で最も業績を上げたのは間違いなくライオンズである。

THE LONDON COLISEUM.

ONE OF THE TEA ROOMS.

この1905年の絵はがきには、英国国立歌劇場場内にあった優雅なティールーム店内に設置されたアール・ヌーヴォー（訳注；19世紀末から20世紀初頭に流行した美術様式）の装飾や家具が描かれている。

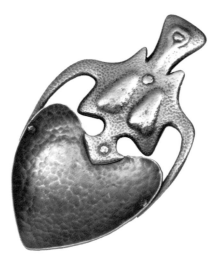

このアール・ヌーヴォーの銀製茶葉缶用のスプーンは、リバティ社のためにデザインされた1901年製のものである。

ライオンズは、1887年にたばこ事業を立ち上げて創業した後、すぐさま飲食部門に進出した。同社は1894年までに喫茶店チェーンを創始して、1909年にはかの有名なコーナーハウスを開店させた。以来、それは多くの英国人労働者にとって、日常生活の中で大切な部分を占める場所となったのである。

　英国内のいたる所に喫茶店やティールームが溢れ出す中、スコットランドの都市グラスゴーは特異な急騰地点であった。その様子について、ペリーラ・キンチンは、著書『グラスゴーのティールー

ム　1875年から1975年まで　−お茶とお菓子−』の中で次のように記述している。

　　　19世紀末に急激に店舗数を増やしたティールームは、まさに時代の熱い要
　　望に応えるものであった。つまり時を同じくして、スコットランド西部で盛ん
　　になった禁酒運動、その地域に伝わる洗練された焼き菓子の伝統、スコットラ
　　ンドにおけるハイティーの流行など、幾多の状況が重なり合う中で、特に多忙
　　な商業都市としての現実的な必要性から出現したものであった。

　1830年代に始まった禁酒運動は、グラスゴーのみならず、英国中に多大な影響
を及ぼした。各地で開催された禁酒会は、ビールや蒸留酒など中毒症状を引き起こ
すアルコール類の替わりにアルコールを含まない飲料を飲むことを人々に誓約させ
ることがその目的であった。このような会合や特別な「ティーフェスティバル」で
提供されたお茶は、禁酒運動を象徴する飲み物と見なされるようになった。当時の
首相ウイリアム・グラッドストンは、自らが熱烈なお茶支持者で「我が国でお茶を
飲むという行為は、アルコール飲料に対する力強い勝利宣言である」と語ったほど
である。
　グラスゴーには忠実な禁酒運動支持者が多かったため、パブに替わる場所を受け
入れる準備が整っていた。その要望に応えて1870年代以降になると、素敵な
ティールームが次々と開店した。なかでも特に著名なものは、1903年に営業を始
めて今でも営業しているウィロー・ティールームである。そこにはスコットランド
人の建築家チャールズ・レニー・マッキントッシュによる華麗な室内装飾が施され
ていることで知られている。
　その当時の喫茶店は、お茶を飲みに出かける外出先の選択肢のひとつにすぎな
かった。それ以外にも百貨店には素敵なティールームの設備があって、買い物客が
一息ついたり、友だちと待ち合わせたりして、顧客を店内に長時間引き留めていた。
ロンドンの中心街メイフェアーのブラウンズ・ホテルにある「英国喫茶室」のよう
に、ホテル内にも独自のティールームが開設された。以来170年以上を経た今日に
いたるまで、そこではロンドン屈指の、そしてもちろん英国の精髄といえるような

ローダ・ホルムズ・ニコール
ズ画「アフタヌーンティー」
（1889年）には、当時流行の
衣装で着飾ったふたりの女性
が、夏の川べりで即興のお茶
の時間を楽しむ様子が描かれ
ている。

アフタヌーンティーが楽しめる場所となっている。

　お茶は、女性解放運動にも大きな影響力があったというと奇妙に思えるかもしれ
ない。だが実際のところ、女性が外出先でひとりもしくは友だちと一緒に飲食を楽
しめる場所がほとんどなかった当時、このような新しい喫茶店の出現は、女性たち
に男性が同伴しなくても安全に過ごせる場所を提供することになった。

この女中が淹れているお茶は、果たして自分用か、あるいは写真家のためのものであろうか？

この上なく心地よい木陰で楽しむアフタヌーンティーの光景。

　喫茶は屋内に限られた楽しみではなかった。お天気がよい時には、庭先でもお茶を楽しみ、時には森林や農園まで遠出することもあった。ピクニックが流行すると、持ち運びできる特別なティーセットが作られ、都会では労働者が通勤途上の売店で気軽にお茶をテイクアウトできるようになった。冬になるとスケート場で戸外のお茶を楽しむ熱烈なお茶好きもいたほどである。

身が凍える時節、たとえ転倒や骨折の危険性があっても少しも怖じけず氷上で各自お好みのお茶を堪能する19世紀のスケーターたち。

お茶の民主化 | 49

現代の喫茶

　お茶を飲む習慣は、20世紀に入って衰退するどころかますます盛んになった。1930年代初期には世界大恐慌による高い失業率と貧困にもかかわらず、お茶の消費量は1人当たり年間10ポンド（訳注；約4.5kg）と最高潮に達した。この分量は1人が1日に5杯以上のお茶を飲んでいた計算になる。

　英国の人々は、苦難の中にあってお茶になぐさめを見出した。それはまさにジョージ・オーウェルが1936年に発表した小説『葉蘭を窓辺に飾れ』の主人公ゴードン・コムストックの姿そのものである。貧乏なコムストックは、やかましい女主人に禁じられているお茶を薄汚れた間借りの部屋で密かに楽しんでいたのである。

　お茶を飲むことができる人口の増加に伴って、お茶が飲める場所の選択肢も広がった。なかでも一番人気で店舗数も抜きん出ていたのがライオンズ喫茶店である。1894年にその1号店をピカデリーに開店した後、都市部だけでも200店舗以上を出店して、英国内の飲食チェーン店経営で真っ先に成功を収めた会社となった。20世紀前半に「ライオンズ」といえば、すなわちその一貫した顧客サービス、確かな品質、適正な価格を意味する同義語であった。ライオンズの制服である白い丸襟がついた黒いドレスをきちんと着こなした若い女性「ニッピー・ウエイトレス」（訳注；ニッピーとは、女性のかわいらしくきびきびした仕草を表すくだけた表現）は、同ブランドの象徴的存在として宣伝広告、製品包装、販売促進物品などに使われた。

　ライオンズ喫茶店は、お金持ちや羽振りのよい人々の行きつけの場所というよりは、むしろ当時増加傾向にあった女性の勤め人たちにとって、手頃な価格でお茶とお菓子やちょっとした温かい食べ物が食べられることはもちろん、清潔で安全な店内環境が好評で、特に人気が高かった。

　ライオンズ喫茶店とそのレストランは、ロンドンなどの大都市や町の繁華街を狙って計画的に店舗を展開した。ライオンズ・コーナー・ハウスは、主要な大通り

この1920年代のフランスのポスターは、旅行者が運転手付きの高級車の車窓から壮麗な山間の風景を眺めつつ、おいしいお茶とお菓子を味わえるという奇抜な発想の「喫茶ドライブ」を祝したものである。

1階のビアレストラン「ブラッセリー」は、ライオンズ・オックスフォード・コーナー・ハウス内に3箇所ある異なる種類のレストランのひとつである。

ライオンズ・オックスフォード・コーナー・ハウスは1923年に開店した。この写真は1931年当時の様子である。

の交差点沿いに出店することで上手く顧客を引き寄せた。その1号店がストランド通りとキャラバン通りの交差点に1915年に開店したストランド・コーナー・ハウスである。その他、ライオンズ・コーナー・ハウスの中には5階建ての店舗もあり、そこには400名もの従業員が雇用され、各階ごとに違ったオーケストラが配置されて常時演奏が行われていた。

　1892年、ケンジントンに開店したフラー・ティールームは、こぢんまりと静かで優雅な雰囲気を好むお茶好きな人々にとって理想的な場所であった。『お茶の歴史』の著者であるクレア・ホープリーは「その居心地のよい場所で友人と待ち合わせると、上品なカップに淹れられたお茶がリボンを結んだ砂糖用のトングと一緒に運ばれてくる」と説明している。その他にも小さなティールームが英国中に次々と開店した。なかでも名高く現在でも営業している店は、スイスの菓子職人フレデリック・ベルモントが1919年に創業したベティーズ・オブ・ハロゲートである。ベティーズは、その後、ヨーク、スキプトン、イルクリーなどヨークシャーの別の

ロンドンのド・ヴィア・ガーデンズ（訳注；ケンジントンにある通りで英国中で最も地価が高いことで知られる）にあるプリンス・オブ・ウェールズ・ホテルの豪華ラウンジでは、このエドワード王時代のカラー絵はがきに活写されている優雅なアフタヌーンティーが提供されていた。

地域にも支店を開店させた。どこの店舗でもお茶は多種類のブレンドの中から選ぶことができて、見事なペストリーやケーキが多数取り揃えられていた。

　さらに豪奢な場所を探し求めるお茶好きたちは、メイフェアーにあるリッツ、もしくはブラウンズ、あるいはストランドのサヴォイといった幾多の格式あるホテルへと出かけた。きらびやかな雰囲気のリッツ・パーム・コートやカントリーハウス風に洗練されたブラウンズ・イングリッシュ・ティールームは、今なおアフタヌーンティーの愛好家たちを魅了し続けている。ただし現在ではテーブルを確保するために数週間前から予約を入れておく必要がある。

　1910年頃、タンゴがアルゼンチンからパリ経由でロンドンに到来したことによって、20世紀の後半になると都会では「タンゴティー」が一世を風靡するようになった。この新たな流行を捉えて、ロンドンの著名ホテルの中には毎週のように「ティーダンス」もしくは洒落た呼び名の「テ・ダンサン」（訳注；ティーダンスのフランス語読み）を開催するところもあった。なかでも最も人気が高かった場所は

リッツのパーム・コートは、20世紀初頭にエドワード7世がそこで食事を召し上がった当時と変わらず今も燦然と輝いている。

ブラウンズ・ホテルのイングリッシュ・ティールームでは、150年以上にもわたって優雅なアフタヌーンティーが提供されている。

ザ・ウォルドルフ・ホテルのパーム・コートの来場者たちは、ダンスの情熱を存分に満たした後、お茶で一息つくことができた。

ザ・ウォルドルフ・ホテルで、その素晴らしく美しいパーム・コートを舞台として定期的にタンゴティーが行われていた。ダンスフロアーの周囲にはテーブルが配置され、さらにその階上に展望回廊が設けられて、来場者はダンスの合間にそこに座って、お茶を楽しみ一息つくことができた。1913年6月号の『ザ・ダンシング・タイムズ』誌は「そのタンゴは優美で気品があり、いかなる舞踏場のものとも比肩しうる見事さである。もしそれに何らかの疑念を抱かれるのであれば、是非ともザ・ウォルドルフ・ホテルでボストン・クラブが水曜日の午後に主催しているテ・ダンサンに一度足を運んでご覧ください。そうすればすっかりその魅力の虜になることでしょう」と報告している。サヴォイもまたタンゴダンスの名所として知られていた。そのタンゴダンス担当マネージャーであったジョージ・リーヴス・スミス卿の熱意のお陰で、同ホテル内ではタンゴのレッスンも受けることができた。1920年代に入って、流行の先端がタンゴからチャールストンに移行すると、ホテルのティーダンスにも新たな曲目が加わることになった。

　ティーダンスは屋内だけでなく、時にはマン島のルシェン大修道院のようにその目的で特別に設営されたティーガーデンでも楽しまれた。その広大な木製ダンスフ

ルシェン大修道院のダンス
フロアーとティーガーデン
は、屋外でのティーダンス
を楽しむ絶好の場所であっ
た。

ロアーで踊ることを目的として、観光客たちが大挙して大型遊覧バスで島にやって
きた。訪問客は咲き乱れる薔薇に飾られたその魅惑的な庭の中で、オーケストラが
奏でる音楽に合わせて踊るダンスを堪能しながら、お茶を飲んだり、あるいはもっ
と食べ応えのあるストロベリー・クリーム・ティー（訳注；ポットで出されるたっぷりの
紅茶と共にスコーン2個、クリーム、苺ジャムが添えられたセット）を楽しむことができた。

テュークスベリ大修道院にある華麗なるティーガーデンの1908年当時の風景。

ダンスにはさほど関心がないものの戸外でのお茶を楽しみたいという人々に対しても多くの選択肢があった。ロンドンの百貨店の中には、買い物客がお茶を楽しめるように素敵な屋上ガーデンを併設する店もあった。セルフリッジズ（訳注；ロンドンのオックスフォード通りにある百貨店）では、つる性植物の枝をからませた日陰棚があるガーデン・レストランで朝のコーヒー、昼食、お茶が提供されていたが、現在は残念ながら営業していない。デリー・アンド・トムズ百貨店にも同様の格調高い屋上ガーデン・レストランが設置された。その場所は現在、ケンジントン・ルーフ・ガーデンズとして親しまれ、ハイ・ストリート・ケンジントンの繁華街の中とは思えない憩いの場として一見の価値がある。

　都市部においてティールームやティーハウスは公共公園の呼び物となり、郊外ではコテージの一階部分がティーショップに改装され、陽気のよい季節にはその庭がアフタヌーンティーに絶好の場所となった。農園でもその敷地面積を分割した場所にデッキチェアーや低いテーブルを設置して、ゆったりとくつろげる雰囲気を醸し出し、ティーガーデンとして利用するところもあった。なかでもケンブリッジにほど近いオーチャード・ティー・ガーデンズは、その格別に楽しい一例であろう。その農園は1868年に造園された後、ケンブリッジ大学の学生たちが前庭の芝生では

サマーセット州ポシントンのオーチャード・ティー・ガーデンズには、木の幹を取り囲む特別あつらえのテーブルが設置されていた。

くつろいだ雰囲気の中、きらめくティーポットで淹れる上品な海辺のお茶。

なくて、花が咲くその果樹園内でお茶を飲ませてもらえないかと所有者に頼んだことを契機として、1897年の春にティーガーデンとして開放された。この申し出はあっという間に人気を博し、それ以来、学生たちがケンブリッジからグラントチェスターまで3マイル（訳注；約4.8km）の道のりを徒歩もしくは自転車でやってきて田園風景の中でゆったりとお茶を楽しむことが恒例となっている。

　海辺では、お茶の売店や海辺のティールームでお茶が飲めた。もちろん自分でティーポットや魔法瓶を持参することもあり、次第にその方法が主流となった。

20世紀初頭に撮影されたノーフォーク州ヒーチャムの
ティールームの様子。

今ではどこでも予算に応じて、おいしいお茶を楽しむことができる。二度の世界大戦ですら英国の喫茶習慣を止めることはなかった。実際、お茶こそ第2次世界大戦の勝敗に多大な影響を及ぼしたとされている。ウィンストン・チャーチルは、お茶が弾薬より重要だと信じていた。1942年には歴史家A・A・トンプソンが「ヒトラーの秘密兵器について何かと取り沙汰されているが、英国の秘密兵器といえばお茶であろう。お茶こそが我々を進攻させたのであり、携帯したものである」と記している。

　第1次世界大戦（1914〜18年）中、食料品は登録制の配給となり、お茶は1人当たり1週間に2オンス（訳注；約57g）が支給された。この分量は1日平均にして1杯半分のお茶に相当した。だが社会歴史学者ジョン・バーネットは、その著書『液体の楽しみ——近代英国における飲み物の社会史——』の中で「これは子供たちも含めた大家族にとって、全員の配給量を合わせても、とてもまかなえる分量ではなく、もっと欲しいと思えばいくらでも購入できたと推測される」と述べている。

　第2次世界大戦（1939〜45年）が勃発した2日後には、お茶の備蓄がすべて政府の占有となり、1940年まで配給制が施行された。この時も1人当たり（今回は5歳以上に限定され）1週間に2オンスが支給された。消防士や鉄鋼製造業者など、重要な職務に従事する人々に対しては支給量が上乗せされ、1944年以降になると70歳以上の年長者には1週間に3オンスの支給資格が与えられた。ロンドン大空襲（訳注；1940-41年）の時期には、女子挺身隊によって市街に移動式飲食施設が開設された。そこでは、空襲の被害に遭った幾多の人々やその救助隊員たち

第1次世界大戦中、陸軍戦務部隊は、食糧およびお茶を含む必需品を軍隊に支給する責務があった。

に対して、お茶、コーヒー、軽食などがボランティア隊員によって手渡されていた。お茶の配給制は、終戦後も7年間にわたって継続された。

　この戦時中は、お茶の器具が目覚ましい革新を遂げる機会となった。第1次世界大戦後、さらに数多くの製陶業者が一般市場に参入した。プール・ポタリー、シェリー、スージー・クーパーといった会社は、単純な形状で粋な装飾を施した手頃な価格のティーセットを製作した。クラリス・クリフ（訳注；陶芸家1899-1972年）の作品には、印象に残るアールデコ（訳注；1910-30年代に流行した装飾美術）のティーセットがいくつもある。その中でもひときわ風変わりなデザインは、取っ手に穴がなくて持ちにくい円錐形の早朝用ティーセットであろう。それは実用性に欠けるが、冗談として創作された作品である。クリフ作品に見られる鮮やかな色彩、大胆かつ生気溢れる形と模様は、特に二度の大戦中に非常に人気が高かった。時を同じくして珍奇なティーポットも全盛期を迎えた。おもしろさを前面に打ち出したデザインとしては、レーシングカー、電車、戦車、飛行機からドナルドダック（訳注；ディズニー映画に登場するアヒルのキャラクター）、ハンプティダンプティ（訳注；マザーグースの童謡に登場する擬人化された卵）、滑稽な表情をした人の頭部、古風な田舎の家屋まで、想像しうるあらゆる形のものが創られた。

クラリス・クリフによる円錐形の早朝用ティーセット、1930年頃。このティーポットでいかにして手を滑らせず上手くお茶を淹れられることやら。

1937年に初めて作られ、これまで最も斬新なデザインとして知られるサドラー社製レーシングカーのティーポット。初期のモデルには、「OKT42」（OK tea for two ／二人のお茶の準備OK）というナンバープレートが付けられている。

このドナルドダックのティーポットは、1930年代に英国企業ウェード・ヒース社が製作したもので、人気漫画のキャラクターを題材とした「ディズニー・ウェードヒース陶器」として知られている。

このような珍奇なティーポットの中には、特別な機能を備えて設計されたものもあった。たとえば1919年にロバート・クローフォード・ジョンソン（訳注；製陶業者1882-1937年）がデザインした立方体のティーポットがあげられる。これは特に船上での使用に最適であったため、クイーン・メリー号などの客船で人気があり、荒波でも決して転倒しない保証付きで、しかも容易に船に積み込める品であった。その他の革新的製品としては、抽出用分岐板が内蔵されたデザイン設計が特徴の「単純にして完全なるティーポット（SYP）」がある。このティーポットは、まず背面を下にしてお茶を淹れた後、茶葉の抽出に必要な時間が経過したら、ポットを直立させる。すると淹れたお茶から茶葉が分離されて、お茶がそれ以上苦くならない仕組みである。その一方で、ライオンズは注ぎ口がふたつあってお茶を一段と速く淹れられるティーポットを独自に開発した。

　20世紀も半ばになると、このような発明品が家電市場でも発売されるようになった。「ティーズメイド」は、1933年にゴブリン社が初めて製造したものであるが、本当に人気が出たのは第2次世界大戦後のことであった。これは電気湯沸かし器と目覚まし時計が組み合わされて、朝目覚めると淹れたてのお茶が飲めるという製品である。1940年代以降、洗濯機、掃除機などその他多くの家電製品が一般に普及したのと同様に、このティーズメイドが、戦前にはどこの家庭にもいた女中に取って代わることになった。1960年代の英国でティーズメイドは毎年30万個の売り上げがあり、1970年代にはその中にラジオも組み込まれるようになった。

「単純にして完全なるティーポット」この巧妙なデザイン設計のお陰で、お茶を抽出した後、茶葉が分離されて、お茶がそれ以上苦くならずにすむ。

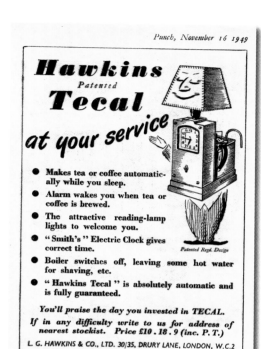

Punch, November 16 1949

Hawkins Patented **Tecal** at your service

- Makes tea or coffee automatically while you sleep.
- Alarm wakes you when tea or coffee is brewed.
- The attractive reading-lamp lights to welcome you.
- "Smith's" Electric Clock gives correct time.
- Boiler switches off, leaving some hot water for shaving, etc.
- "Hawkins Tecal" is absolutely automatic and is fully guaranteed.

You'll praise the day you invested in TECAL.

If in any difficulty write to us for address of nearest stockist. Price £10 . 18 . 9 (inc. P. T.)

L. G. HAWKINS & CO., LTD. 30/35, DRURY LANE, LONDON, W.C.2

Patented Regd. Design

このすばらしい新案装置の「ティカル」には、照明、目覚まし時計、お茶とコーヒーメーカーが組み込まれている。宣伝文にあるようにお茶もしくはコーヒーが出来上がると目覚ましが起こしてくれる。

1949年11月16日『パンチ』
**ホーキンズ特許取得「ティカル」が
　貴方に仕えます。**

- 貴方の睡眠中にお茶かコーヒーを自動的にお作りします。
- お茶かコーヒーが出来上がると目覚ましが貴方を起こします。
- すてきな読書灯が貴方をお迎えします。
- スミス社製の電気時計が貴方に正確な時刻をお知らせします。
- 湯沸かしのスイッチを切った後、残った湯はひげそりなどに使えます。
- 「ホーキンズ社ティカル」は完璧に自動制御であらゆる保証付きです。

ティカルに任せれば、素晴らしい1日を過ごせることでしょう。
何かお困りのことがありましたら、お近くの仕入れ業者までご連絡下さい。
価格10.18.9ポンド（特許料を含む）
L. G. ホーキンズ株式会社　ドルリーレーン
　　30/35番地　ロンドン　W.C.2」

　20世紀後半に大きな影響力を及ぼしたお茶関連の進展といえば、ティーバッグの登場があげられる。ペニシリンの発見をはじめ、他の重要で偉大な数多くの発明にいたる経緯と同様に、ごく些細なきっかけがティーバッグの始まりであった。20世紀初頭のこと、ニューヨークの茶葉商人であったトーマス・サイヴァンは、顧客のために少量の茶葉を絹の袋に入れた見本を作った。すると顧客の中には、茶葉を袋から取り出さずにそのままお湯を注いでしまう者がいて、さらには絹では材質が脆弱なため別な素材で作ってほしいとサリヴァンに注文する者が出てきたのである。そこでサリヴァンは、すぐさま特別あつらえの薄織物を使って、熱湯で抽出するのに最適なティーバッグの生産を開始した。

　ティーバッグが英国に入ってきたのは、テトリーがその取り扱いを開始した1935年のことで、その後、広く一般に受け入れられるには長い時間がかかった。

Ice breaker.

Iced-tea with orange is a delicious drink to cool-off with at a party or barbecue, but first, you must choose your tea carefully.

Twinings Darjeeling, from the Himalayan foothills, is ideal because it has an exquisitely distinctive 'muscatel' flavour and is just as good chilled as it is hot.

Prepare the tea somewhat stronger than usual (a good rule to follow for any iced tea) and leave to stand for 5 minutes. Strain the tea into a large bowl with some crushed mint and leave to cool. When chilled, add 1 cup of brown sugar, the juice of 3 oranges, ¼ teasp. orange rind and plenty of ice.

Just before serving, fizz it up with a little lemonade and serve in tall glasses. Some guests may enjoy a drop of light, dry rum or a good brandy in this tea, but don't overdo it.

On every-day occasions, Darjeeling is served hot with milk and sugar according to taste. But taken without milk, you will find it is an excellent way to cleanse the palate after a rich meal of pork, goose or game.

Twinings Darjeeling is just one of our range of fine speciality teas.

twinings darjeeling tea   twining 25 darjeeling tea bags

Twinings Darjeeling tea.

1970年代のトワイニング社アイス・ダージリン・ティーの宣伝広告。1980年代に入るとアイスティーは、缶入りもしくはペットボトルの既製品として購入できるようになった。

冷やしたお茶で

　冷やしたお茶にオレンジを添えたおいしい飲み物は、その冷たい喉ごしでパーティーやバーベキューにぴったりです。それにはまず茶葉を充分に吟味して選ぶ必要があります。

　ヒマラヤの山麓で栽培されたトワイニング社のダージリンは、繊細なマスカットフレバーが特徴で、ホットはもちろんのことアイスでおいしく楽しめます。

　いつもよりいくぶん濃いめに（これはアイスで飲む場合にはいつでも共通する秘訣です）5分抽出します。お茶をちぎったミントの葉と一緒に大きめのボールに淹れて冷めるまで待ちます。冷めたらブラウンシュガー1カップ、オレンジ3個分の絞り汁、ティースプーン4分の1杯分のオレンジの皮、そして、たっぷりの氷を加えます。

　飲む直前にレモネード少々を混ぜて背の高いグラスに注ぎます。お酒好きには軽めのドライなラム酒か上質のブランデーをほんの数滴たらしてもよいでしょう。ただし入れすぎないように。

　毎日飲むには熱いダージリンにお好みでミルクや砂糖を加えるとよいでしょう。ポーク、鴨、野鳥などのこってりした料理の後には、ミルクを入れずに飲むとさっぱりします。

　トワイニング社は、このダージリンの他にも様々な種類のお茶を取り揃えています。

トワイニング社のダージリンティー

ティーバッグが英国の茶葉市場に占める割合は、1968年にはわずか3%にすぎなかったが、2000年になるとその比率が90%に跳ね上がった。ティーバッグの隆盛は、事実上、ティーポットの凋落をまねいた。カップとソーサーに取って代わって、お茶をティーバッグで飲むのに適したマグカップがあっという間に普及した。喫茶の作法や儀式は過去のものとなり、今や必要なものは、電気湯沸かし器とティーバッグ、そして瓶から直接注ぐミルクを少しばかりとなったのである。

　上質な茶葉や特別なブレンドが珍重された時代は過ぎ去り、高速化して時間に追われるようになった多くの人にとっていつでもすぐ淹れられる飲み物が理想とされる社会が到来した。

　ティーバッグは、この40年ほどの間で四角もしくは三角の小袋から丸型に進化を遂げ、さらに近年ピラミッド形に変化した。「お茶の聖堂」という魅力的な名称で親しまれるピラミッド形のティーバッグは、お茶を淹れる際、茶葉が膨らむ余地があるのが利点とされる。こだわりのティールームや熱心なお茶好きは、良質な茶葉を自らティーバッグに詰めて、上部を折り返してお茶を淹れ、適切な抽出時間が経過すると、それをポットから取り出してお茶が苦くならないように工夫している。

　1970年代から1980年代になると、アイスティーが流行した。リプトン社は高額なＴＶ広告キャンペーンを展開して「リプトン・アイスティー」の既製品を売り出した。ついにお茶は、冷やして飲むのに手軽なペットボトルや缶入り飲料の仲間入りをしたのである。

　20世紀に入ると、お茶の販売促進も他の製品に負けず劣らずますます巧妙になった。お茶取扱業者が採用した手法の中で最も反響が大きかったのはティーカードである。それは1870年代に一世を風靡したたばこカードにヒントを得て、第1次世界大戦前にタイフー社のお茶製品に封入されたのが始まりである。その流行に火が付いたのは、第2次世界大戦後になってからで、その熱狂は1980年代まで続いた。ティーカードを収集したのは主に子供たちで、その種類は、モーターカーの歴史、宇宙開発競争、異国の鳥類、冒険家や探検家、野の花、イヌやネコ、英国の衣装、英国の王や女王にいたるまで実に多種多様であった。さらにはトピックごとに全種類を揃えたセットやそれを入れるアルバムが付いたものもあった。

"Here, what's this? It smells like tea and tastes like cocoa!"
"Oh, that would be the coffee, Sir!"

著名な視覚芸術家ドナルド・マッギルがこの絵はがきを製作した1940年代以降、時が経過するにつれて、英国の人々は次第にコーヒーを好むようになり、今ではエスプレッソ、ラテ、カプチーノの味の違いをはっきり語れるほどになっている。「お茶の香りがしてココアの味がするこれは一体何だね？」「お客様、それはコーヒーでございます」。

1950年代からはテレビのコマーシャルがお茶の販売促進の鍵を握るようになった。すでに紹介したブルックボンドのチンパンジーと同じく、テトリーティーの仲間たちも人々にお馴染みの存在で、テレビ画面だけでなく、販売促進用のティータオル（訳注；やや大判の台所用ふきん）、ティースプーン、マグカップ、トランプ、茶葉缶などにも登場した。

お茶はこの数十年来、コーヒー市場との競争激化に直面しているが、お茶に含まれる健康促進成分に関する研究成果のお陰で、なかでも顕著な効果が見られる緑茶の人気が高まっている。いかにお茶が人々の病気予防に役立っているかを巡って、現在も研究者たちによる新たな発見が続いている。

お茶飲みたちの大半はさらなる簡便性の追求に余念がないが、21世紀を迎えると茶葉の品質にもこだわりが見られるようになった。次第にお茶の愛好家たちは、茶葉でもティーバッグでも、倫理的に栽培され環境保全に適った上質さを追求するようになってきた。しかし今後もお茶を飲む際の儀式的な要素がすっかり姿を消すことはないであろう。アフタヌーンティーに出かけるということは、それが豪華ホテルであろうと居心地のよいティールームであろうとも、英国の人々にとって、今も昔も変わらずお気に入りの時間の過ごし方なのである。

チャールズ・レニー・マッキントッシュが1903年に手掛けたグラスゴーのウィロー・ティールームは、アール・ヌーヴォー建築および内装デザインの典型的な一例で、現在も営業中である。

30種類以上のお茶を取り揃えた華麗なるアフタヌーンティーの極みは、ロンドンのレインズボロウなどで堪能できる。

参 考 文 献

Burnett, J. *Liquid Pleasures : A Social History of Drinks in Modern Britain*. Routledge, 1999.

Faulkner, R. *Tea : East and West*. V&A, 2003.

Forrest, D. *Tea for the British*. Chatto & Windus, 1973.

Goss, S. *British Tea and Coffee Cups 1745-1940*. Shire, 2008.

Goss, S. *British Teapots and Coffee Pots*. Shire, 2005.

Griffin, L. *Taking Tea with Clarice Cliff*. Pavilion Books, 1996.

Hobhouse, H. *Seeds of Change : Six Plants that Transformed Mankind*. Macmillan, 1999.

Hopley, C. *The History of Tea*. Pen & Sword Books, 2009.

Kinchin, P. *Tea and Taste : The Glasgow Tea Rooms 1875-1975*. White Cockade, 1996.

Macfarlane, A. and Macfarlane, I. *Green Gold : The Empire of Tea*. Ebury Press, 2003.

Moxham, R. *A Brief History of Tea*. Constable & Robinson, 2009.

Pettigrew, J. *A Social History of Tea*. National Trust, 1999.

ヴィクター・H・メア、アーリン・ホー、忠平美幸訳『お茶の歴史』河出書房新社、2010年。

サラ・ローズ、築地誠子訳『紅茶スパイ──英国人プラントハンター中国をゆく──』原書房、
　　2011年。

ジョン・コークレイ・レットサム、滝口明子訳『茶の博物誌──茶樹と喫茶についての考察──』
　　講談社学術文庫、2002年。

角山栄『茶の世界史──緑茶の文化と紅茶の社会──』中公新書、1980年。

春山行夫『春山行夫の博物誌Ⅶ　紅茶の文化史』平凡社、1991年。

ヘレン・サベリ、竹田円訳『「食」の図書館　お茶の歴史』原書房、2014年。

松下智『アッサム紅茶文化史』雄山閣出版、1999年。

お茶とお菓子と友人の集い、この上なく満ち足りた幸せ。「お茶の時間　この空席は素敵な彼氏のため、ああなんと至福のひととき」

訳者あとがき

　日本でも「日常茶飯事」という言葉があるように、お茶の時間は、私たちにとって食事と同様に身近で、しかも日常生活の中で大事な要素のひとつである。

　本書では、文中にある通り、1657年に英国の港に初めてお茶が到着して以来、今日までの英国における喫茶文化の展開を豊富な図版と共に一望できる。当初は新奇で高価な外来品であったお茶が、まずコーヒーハウスで主に男性に飲まれ始め、次第に家庭の女性向けに茶葉が販売されるようになって、広く一般に普及したというのも意外な展開である。そしてついにお茶が英国文化の一翼を担う存在になるまでの様々な事情と推移が、英国人である著者の幅広い視点で分かりやすく解き明かされ、日本人にとっても異国の喫茶事情を知り得て興味深い内容となっている。

　一方、日本へのお茶の伝来は、英国より早く、中国から禅僧によってもたらされ、茶葉だけでなく、種や苗木も移入された。その中のひとりである栄西は、『喫茶養生記』（1211年）の中でお茶を飲む効用を書き記して、彼が明恵上人に託した種は栂ノ尾に植えられ、宇治茶の起源となったとされている。茶葉の製法も、葉緑素を生かした不発酵の煎茶が主で、さらに萌えた新芽を日光から遮断して玉露や抹茶に加工され、急須で淹れる煎茶や茶筅で立てる濃い茶の爽やかな翡翠色が愛でられている。またお茶に含まれるカフェイン成分がインドの達磨禅師以来、仏道修行の眠気覚ましに役立てられ、日本の侘び茶の祖とされる村田珠光も大徳寺の一休宗純に参禅して、やがて千利休に継承され、心眼を拓く修行の一環として茶の道が生まれ、日本独自の芸道として知られるようになった。狭い茶室の中で茶道、花道、書道の粋が融合して生み出される総合芸術の時空間は、岡倉天心が英語で著した『茶の本』（1906年）によって、広く世界に紹介されている。

　飲むお茶の種類は、ウーロン茶、緑茶、紅茶など、実に多種多様なため、品種や製法が異なるとはいっても、それらがすべて同じ茶樹の葉から作られているとは信じられないほどである。現在、世界で飲まれているお茶の約8割は紅茶である。本

書で言及しているお茶も、主に紅茶で、それは英国旅行のお土産としても好適品となっている。だが、中国茶や日本茶が、主に生産地名を冠した呼び名であるのに比べて、英国で飲まれている紅茶は、フォートナム＆メイソン取り扱いの希少品以外、気候風土が合わないため、国内で生育した茶葉を使用したものではない。つまり、旅の土産品が「その土地の産物」を意味するとすれば、正確には紅茶は英国土産ではないことになる。

　このように地元で原料の調達が出来ない飲食に関わる品が、その国を象徴する文化の一部を形成するのは、元来「地産地消」に始まった食文化の特質から考えても稀有な一例であろう。それを可能とした植民地支配などの政治的側面以外にも、その土地で取れない食材を恒常的に摂取する異例の状況にありながら、人間の生理学的側面でも、お茶にはむしろ様々な健康促進効果があることが近年の研究成果で明らかになっている。本文中にあるように「生物多様性の源郷」と評されるヒマラヤの密林を原産地とする常緑樹の灌木が、自ら生き抜くために強い日差しを光合成でエネルギーに変換する役目を果たしている茶葉に秘められた抗酸化作用が、私たち人間にも効果を発揮しているようである。

　また英国と日本ではお茶を淹れる水の質が異なるため、同じ茶葉を使っても、飲むお茶の味わいが違うことはよく知られている。「あなたの町の水」に合わせてブレンドしたリプトンの黄色ラベルが好評を博した所以である。すなわち世界各所で異なる水質に対して、それに見合った茶葉のブレンドを工夫すれば、どこでも美味しいお茶を楽しむことができるのである。本書でも何度か言及されている「リプトン」は、スコットランドのグラスゴーで両親が営む小さな食料品店から起業したトーマス・リプトン卿（1848-1931年）のブランド名で、日本でも紅茶の代名詞のひとつとしてお馴染みである。リプトンの自伝（日本語未訳）によれば、当初リプトンは、英国内の自社店舗に茶葉を大量に供給する必要から、セイロンで茶園を数カ所買収して、同時に仲買人を省いた手頃な価格も実現させた。その後、茶葉の収穫に効率的な手法を多数採用して生産高を上げた結果、商品供給にゆとりが生じると、産地のセイロンはもとよりインドにも製品を出荷している。さらに当時まだ日常的にお茶を飲む習慣がなかったアメリカにも卸売業で進出して、茶葉市場の創設

に一役買うことになった。

　もちろん現在の世界における喫茶習慣の普及をひとりの人物の事業に帰すことは出来ないが、それが単なる物珍しい一過性の流行に終わらずに定着したことは、場所に限定されない喫茶の普遍性を示唆している。それならば産地以外の地域にありながら、元来珍奇な舶来品であったお茶に着目して、それをこれほどまでに好んだ英国人にとって、やはり喫茶の風習はれっきとした自国文化といえるであろう。

　古代中国の伝説の王、神農が沸かしていた鍋の水に舞い落ちたひとひらの茶葉が、その後、悠久の時の流れを経て現在に至るまで、世界中の人々の喉の渇きと心の安らぎを満たしている。私たちが日頃何気なく飲んでいるお茶に秘められた来歴を再認識する時、一杯のお茶の味わいが一段と深まるように思われる。読者の皆様が、これからの日常生活で、ますます心豊かなお茶の時間を楽しんでいただければ、訳者としてこの上ない幸せである。

　本書の出版企画は、訳者が、英国の文学や文化に造詣が深い神奈川県立外語短期大学名誉教授の木村正俊先生と久しぶりにお会いした折、ちょうど手元にあって楽しく読んでいたこの本の原書をお見せしたところ、碩学で物知りフクロウのような木村先生の目が一瞬鋭く光って、その価値を見抜かれたことに始まった。幸いにも論創社の森下紀夫社長にご紹介いただいた際も、日本の皆様に紹介する意味がある書籍であることが再確認され、編集部の松永裕衣子さんの万事細やかな編集業務のお陰様で、原書をはるかに上回る出来映えの日本語版が誕生することになった。その間、版権取得では川地麻子さん、レイアウトは中野浩輝さん、校正の小山妙子さんという専門家の皆様にご縁をいただいて本書が完成するまでの経緯を見守るのは素晴らしく心躍る経験であった。関係者の皆様方に心から感謝の意を申し述べたい。

2020年10月

　　　　　　　　　　　　　　　　　　　　　　　　　　野口　結加

索　引

【著者】

クレア・マセット（Claire Masset）

ナショナル・トラストが刊行するガイドブックの編者として、*Heritage Magazine* をはじめ数多くの雑誌に寄稿する他、*The English Garden Magazine* の編集長も兼任する。その他、著書として『百貨店』、『果樹園』（いずれも Shire Publishing Ltd. 刊行）などがある。

【訳者】

野口　結加（のぐち ゆか）

慶応義塾大学文学部英文学科卒業。料理研究家。専門分野は、スコットランドの食文化。国内外でマクロビオティックの料理クラス担当も務める。訳書に『THE マクロビオティック』（久司道夫著、マガジンハウス）、共著に『大人のためのスコットランド旅案内』（彩流社）、『イギリス文化事典』（丸善出版）などがある。

英国の喫茶文化

2021年 1 月20日　　初版第 1 刷発行
2021年 4 月20日　　初版第 2 刷発行

著　者　クレア・マセット
訳　者　野口結加
発行者　森下紀夫
発行所　論　創　社
　　　　〒101-0051 東京都千代田区神田神保町 2-23　北井ビル
　　　　tel. 03 (3264) 5254　fax. 03 (3264) 5232
　　　　振替口座 00160-1-155266　web. http://www.ronso.co.jp
装　幀　奥定泰之
組　版　中野浩輝
印刷・製本　中央精版印刷
ISBN978-4-8460-2011-8　©2021 Printed in Japan
落丁・乱丁本はお取り替えいたします。